Colección LECTUR

Lecturas de Español son historias in................., ... y ...... de información sobre la lengua y la cultura de España. Con ellas puedes divertirte y
al mismo tiempo aumentar tus conocimientos. Existen seis niveles de lecturas (elemental I y II, intermedio I y II y superior I y II), así que te resultará fácil seleccionar una historia adecuada para ti.

En *Lecturas de Español* encontrarás:
  – temas e historias variadas y originales,
  – notas de cultura y vocabulario,
  – ejercicios interesantes sobre la gramática y las notas de cada lectura,
  – la posibilidad de compartir tu lectura con otros estudiantes.

NIVEL ELEMENTAL - II

El ascensor

Coordinadores de la colección:
    Abel A. Murcia Soriano (Instituto Cervantes. Varsovia)
    José Luis Ocasar Ariza (Universidad Complutense de Madrid)

Autor del texto:
    Ana Isabel Blanco Picado

Explotación didáctica:
    Abel A. Murcia Soriano
    José Luis Ocasar Ariza

Maquetación e ilustraciones:
    Raúl de Frutos Pariente

Diseño de portada:
    Carlos Casado Osuna

Fotografía de portada:
    Andrzej Figlewicz

Diseño de la colección:
    Antonio Arias Manjarín

ISBN: 84-89756-24-4   *Nueva edición: 2006*
Depósito Legal: M-35349-2000

Editorial Edinumen
José Celestino Mutis, 4
28028 - Madrid (España)
Tlfs.: 91 308 51 42
Fax: 91 319 93 09
E-mail: edinumen@edinumen.es

Imprime: Gráficas Glodami. Coslada (Madrid)

El ascensor

ANTES DE EMPEZAR A LEER

1. En la imagen de la cubierta ves un ascensor, pero como muy bien sabes no siempre hay ascensores en los edificios. ¿En qué tipo de edificios de los que aparecen a continuación crees que es necesario un ascensor?

❑ a. Casa de campo

☑ b. Edificio de viviendas

❑ c. Teatro

❑ d. Cine

☑ e. Edificio de oficinas

❑ f. Supermercado

☑ g. Hospital

❑ h. Museo

2. Hay personas que tienen miedo a subirse en un ascensor. Las causas pueden ser muchas. Intenta encontrar 5 motivos que crees que pueden justificar un cierto temor a usar el ascensor.

a. _Porque tienen el vértigo._

b. _Porque tienen claustrofobia._

c. _Porque senten náuseas._

d. _Les marearan._

e. _Les preocupan que les abrancarían._

Si hay motivos para no usarlo, también los hay para hacerlo. ¿Qué ventajas ves al uso del ascensor?

a. _Es más rápido._

b. _Es más fácil._

c. _Puedes transportar muchas cosas arriba._

d. _No es tan fatigoso._

e. _____

3. La fotografía que ves en la cubierta corresponde a una situación que es muy habitual: dos personas juntas en un ascensor. A menudo esas personas no se conocen de nada y entre otras cosas lo reducido del espacio, en unas culturas más que en otras, hace que intercambien algunas frases de cortesía, etc. En el caso del español, uno de los tópicos más habituales es "hablar del tiempo". ¿Es así en tu cultura? Comenta con tus compañeros cómo os comportáis y qué decís cuando os encontráis con desconocidos en espacios reducidos como los ascensores.

EL ASCENSOR

4. Teniendo en cuenta la imagen que tienes en la cubierta y el título de la historia, ¿te atreves a hacer una hipótesis sobre qué puede suceder en la misma? Toma nota de tu "teoría" y contrástala después con tus compañeros.

Tal vez los personas en la cubierta les subirán en el ascensor. No se conocen pero el ascensor se atrancará y también que se conocen. Pienso que encontrarán que tienen una conexión.

lower — 60 Gravel

5. A lo largo del día, seguro que te desplazas utilizando diferentes medios de transporte, subiendo y bajando escaleras (también mecánicas), utilizando el ascensor, etc., y que entras y sales de distintos edificios. Haz una especie de agenda con las horas, los medios de transporte que utilizas y los edificios en los que entras o de los que sales en un día de trabajo/o estudio normal.

building

Hora	Medio de Transporte	Edificio
9.25	a pie	salgo mi habitación
10.00	a pie	entro la universidad
3.00	a pie	vuelvo a casa
3.02	con el ascensor	vuelvo a mi habitación
10.30	para taxi	un bar
2.00	para taxi	voy a cama

6. Para mucha gente que busca piso –para comprar o para alquilar– es importante si el edificio tiene o no ascensor. En parejas, simulad que sois una pareja –de amigos, amigas, novios, etc.– que está buscando piso y que tiene que decidirse por uno sin ascensor, pero barato, o por uno con ascensor, pero más caro. En los dos casos se trata de pisos en la quinta planta de un edificio y ya no tenéis más tiempo para buscar. Si optáis por el piso con ascensor, tenéis que renunciar a muchos "caprichos", pero económicamente os lo podéis permitir, mientras que si cogéis el piso sin ascensor tenéis la posibilidad de vivir de una forma más desahogada económicamente.

7. El texto que tienes a continuación puede darte información suplementaria sobre los ascensores. Aunque gramaticalmente el texto resulta un poco difícil, fíjate sobre todo en el contenido y comenta con tus compañeros los aspectos más interesantes del mismo.

El ascensor. También conocido como montacargas, se utiliza para trasladar personas o cosas desde una planta a otra, ya sea por medios eléctricos u oleodinámicos. La diferencia de estas dos formas de traslado, es que el oleodinámico, también llamado hidráulico, es más lento, consume mucha energía, está limitado el número de alturas y, además, funciona a través de una bomba, en la cual se introduce aceite a presión, pero, es más seguro y más confortable que el eléctrico; este tipo de ascensor mueve muchas más personas que el oleodinámico, ya que funciona con un motor eléctrico; en este la velocidad es casi constante dependiendo del peso de la carga. Los ascensores están compuestos por una cabina sustentada por cables, que se desplaza dentro de un hueco con guías verticales de acero, con mecanismos de subida y bajada y con una fuente de energía. Años atrás, los ascensores funcionaban con cuerdas o cadenas, en donde una o varias personas efectuaban fuerza sobre las cadenas para subir o bajar, es por ello que estos mecanismos reciben el nombre de montacargas. Desde el año 1823 aproximadamente, se han venido construyendo mecanismos que han servido de ayuda para el ascensor, por ejemplo, Elisha Otis en 1853, inventó los primeros frenos lo cual llevó a construir elevadores seguros, que tenían un dispositivo de seguridad por si el cable de sujeción se rompiera. En la actualidad, se sigue usando estos dispositivos de seguridad pero más modernos, ahora, los ascensores utilizan unos rodillos que permiten que el ascensor se bloquee automáticamente y se pare cuando éste tome una velocidad demasiado acelerada.

Durante del siglo XIX gran parte de los elevadores eran accionados por una máquina de vapor. El ascensor moderno se considera un producto del siglo XIX, ya que éste antes era accionado por vapor. El ascensor moderno está compuesto de una cabina que está sujeta por una armadura y que se mueve mediante un motor, casi verticalmente, por un hueco colocado dentro o fuera del edificio. Pasan los años y los ascensores se modernizan más y más. Alrededor del año 1949, se eliminó el trabajo del ascensorista y se relevó por un mando automático integral, también se le introdujo un detector electrónico que daba protección a las puertas, un "pesacargas" y un sistema de protección. La función del pesacargas, es contar las personas (o el peso) que hay en el ascensor, para que no se exceda el peso, y, con el sistema de protección, se utilizan mecanismos que permiten que el ascensor se bloquee y se pare si hay exceso de velocidad. Como la técnica sigue avanzando, se introdujeron también los dispositivos anti-robo para edificios y empresas privadas; la persona autorizada dentro de la cabina, tiene que introducir sobre un teclado el código de su piso, entonces el sistema lo reconoce rápidamente, permitiendo al ascensor dirigirse únicamente al piso solicitado, evitando de esta manera el tránsito de individuos ajenos al edificio en momentos en que la seguridad es prioritaria.

Adaptado de http://www.arqhys.com/arquitectura/ascensor-historia.html

10.00 de la mañana

Me encanta la luz que entra en la habitación a primera hora. Me hace sentir bien antes de pensar en todo lo que tengo que hacer durante el día. ¡Y las vistas que hay de Madrid desde esta ventana! ¡Qué maravilla! Es lo mejor que tiene este piso. Parece un bonito día para un último encuentro. ¡Uff!, me duele todo. Me odio por quedarme siempre dormida en este maldito sofá y con la tele encendida **toda la santa noche**. ¿Dónde he puesto **el mando**? "En este caos es imposible encontrar nada", me parece oír todavía a Ricardo enfadado todos los días. Y la verdad es que a veces necesito alguna de sus **regañinas**. El mando tiene que estar por aquí, ¿pero dónde? ¡Ah!, aquí está. Creo que es hora de levantarse. Lo primero un poco de música para acabar con la **resaca** y ¡a la ducha!

¡Qué maravilla! No hay nada como un buen **remojón** para enfrentarse a un duro día, especialmente al de hoy. **Al fin y al cabo** una no se divorcia todos los días. ¿Hoy es un día importante? Tiene que serlo, ¿no? También lo fue hace 6 años, cuando empezó esta historia: vestido blanco, flores, coche de lujo, muchos invitados, todos muy bien vestidos, arroz a la puerta de la iglesia, una buena comida en el mejor res-

patoso: persona que hace algo sin mucha habilidad, torpe.

¡al cuerno!: expresión que indica desprecio hacia algo o alguien.

en toda regla: algo oficial, serio, que cumple todo lo necesario.

Maite: forma abreviada de María Teresa.

seguir sus mismos pasos: hacer lo mismo que otra persona.

estar en la cuerda floja: estar en una situación difícil.

dar el pasaporte: abandonar o dejar a alguien.

sermón: consejo largo, discurso moralizante.

jugar la partida: costumbre de jugar a las cartas en un bar cercano a su casa después de comer.

taurante de la ciudad y, para terminar, el baile con algún que otro **patoso**. ¿Y por qué no hacemos esta vez lo mismo? **¡Al cuerno** con los prejuicios sociales! Voy a hacerle a Ricardo una invitación **en toda regla** para comer juntos. Creo que nos merecemos una buena despedida. No sé qué va a pensar él, pero esto no tiene que ser trágico necesariamente. Claro que estoy segura de que, como de costumbre, tiene trabajo. Algún caso urgente que no puede dejar para mañana. Los milagros no existen, **Maite**, y menos si se trata de Ricardo y sus dichosas investigaciones. Si ya lo decía mi madre: «No te cases nunca con un comisario, que parece que en vez de tener un marido, estás casada con todo el cuerpo de policía». Esto me ha pasado por **seguir sus mismos pasos**... ¿No dicen que la hija mayor hereda siempre los males de la madre? Claro, que mi hermana también **está en la cuerda floja**. Creo que no va a tardar mucho en **dar el pasaporte** a su marido.

¡Y qué cara puso mamá, la pobre, cuando le dije que no aguantaba más la situación y que me separaba!

— Hija mía, las mujeres debemos saber llevar a nuestros maridos con paciencia. Tenemos que adaptarnos a ellos.

— Mira, mamá, no me eches otra vez ese **sermón**, que ya me lo sé de memoria. No sé si sabes que las cosas han cambiado. Y Ricardo es un egoísta que sólo piensa en sí mismo. Cada uno tiene su ritmo de vida, sus obligaciones y sus problemas. Es verdad. Pero es que nunca coincidimos ni estamos de acuerdo en nada. Si quiero ir de compras con él, se ríe porque "ésas son cosas de mujeres". Prefiere irse a **jugar la partida** y a tragar humo al bar. Y luego le molesto yo si fumo. O se tumba en el sofá a dormitar delante de la tele. Todo menos acompañarme.

Creo que es la única persona que conozco que disfruta sólo trabajando.

– Pero Maite, entiende que para Ricardo su trabajo es muy importante.

– Yo también tengo mi trabajo, aunque sé que a él esto no le gusta nada y a ti tampoco. Las mujeres de mi generación **hemos echado por tierra** todas las estúpidas ideas que vosotras habéis metido en la cabeza a vuestros queridos hijos. Ya no estamos todo el día en casa limpiando y cambiando pañales. Y Ricardo sabía lo que yo pensaba de eso y estaba de acuerdo conmigo. Pero cuando nos casamos pareció olvidarse de todo. Y yo trabajo, sí, pero al menos no dedico las 24 horas del día a mi periódico. Me gusta hacer otras cosas. Pero no **sola como un hongo**, como estoy siempre. Ya estoy harta de esperarlo todos los días **hasta las tantas**. Y a la mañana siguiente me explica que no pudo llegar antes porque "se ha presentado un caso urgente a última hora, y ya sabes...".

– ¡Ay!, no sé, no sé. No os entiendo. Lo tenéis todo, coche, casa, dinero, buena posición. Pero no estáis a gusto. Por favor, Maite, piénsalo bien.

Hace ya seis meses de esta conversación y creo que mamá todavía no ha asimilado mi nueva situación. **Y mira que** me duele verla sufrir. Pero no es ella la única que no se acostumbra. Para mí tampoco es fácil. Ahora tengo total libertad. Puedo ir a cenar con mis compañeros de la redacción sin ser sometida después a un interrogatorio exhaustivo sobre con quién, dónde, cómo y por qué he cenado fuera de casa.

– Perdona. Creo que esto de las preguntas es deformación profesional –intentaba disculparse Ricardo cuando, después de dos o tres malas contestacio-

echar por tierra: expresión que significa destruir algo.

sola como un hongo: expresión familiar: completamente solo y aburrido.

hasta las tantas: hasta muy tarde, de madrugada.

y mira que... : forma coloquial que se utiliza para reforzar una idea.

tormenta: aquí, es sinónimo de discusión fuerte o acalorada.

cada dos por tres: muy a menudo; con mucha frecuencia.

lo que me da la gana: lo que uno quiere, con total libertad.

echar de menos: extrañar, echar en falta o necesitar algo que antes se tenía o a alguien que está lejos.

de mala gana: sin mucho entusiasmo.

el pesado: se dice de una persona molesta, difícil de soportar.

enrollarme: coloquialmente, tener una relación íntima más o menos breve con una persona.

nes, veía por mi expresión, que estaba a punto de comenzar una nueva **tormenta**.

– ¡Deformación profesional! Esa es la excusa que pones siempre. ¿Por qué no reconoces que el asunto es más serio, que son esos ridículos celos tuyos los que no nos dejan vivir?

Y la historia se repetía **cada dos por tres**. Era una auténtica pesadilla. Bueno, ahora tengo toda la libertad que quería, puedo hacer **lo que me da la gana**, es verdad... Pero **echo de menos** tantas cosas... Lo curioso es que no soy capaz de decir qué es lo que me hace falta. Me siento tan rara...

¡El teléfono! Estoy segurísima de que es él para recordarme que hemos quedado a las 12 y "por favor, cariño, sé puntual por una vez en tu vida". Siempre con sus comentarios prepotentes.

– ¿Diga? –contesté de **mala gana**.

– Hola, Maite, preciosa. Soy Alberto. ¿Estabas todavía dormida?

– No –era **el pesado** de mi jefe–. Pretendía desayunar tranquilamente pero olvidé que tú tienes últimamente la buena costumbre de darme los buenos días.

– ¡Cómo eres, cariño! Nunca agradeces mis buenas intenciones. ¿Cenamos juntos esta noche? Y no me digas que tienes otro compromiso.

– Lo siento, pero ya sabes lo que pienso de **enrollarme** ahora con otra persona.

– Pero, mujer, ¡sólo es una cena de dos colegas!

– Alberto, que ya nos conocemos. Tú me invitas a cenar, después quieres tomar una copa en tu ca-

depre: forma abreviada del adjetivo deprimido/a. Desanimado.

chata: forma cariñosa y familiar de llamar a una mujer.

bomba: aquí, una gran noticia, inesperada.

Marbella: ciudad situada en Málaga, al sur de España, donde la *jet-set* pasa sus vacaciones.

caer a sus pies: dejarse conquistar por una persona y someterse a su voluntad.

ni borracha: nunca, de ninguna manera.

los tíos: los hombres en general. Tiene un matiz despectivo.

cortados por el mismo patrón: ser iguales, estar hechos de la misma forma.

un café bien cargado: un café negro muy fuerte, espeso.

sa y de allí no salgo hasta después del desayuno del día siguiente. No insistas, ¿vale?

– De acuerdo, de acuerdo. Veo que hoy no estás de muy buen humor. Sólo pretendía animarte porque últimamente te veo un poco **depre**. Pero, nada. Otro día. Un beso, **chata**. ¡Ah!, se me olvidaba, ya sabes que para mañana tiene que estar preparado el artículo sobre el divorcio de nuestra querida Rocío Sanmiguel. Va a ser una auténtica **bomba** entre la *jet-set*. Este mes en **Marbella** sólo van a hablar de eso.

Nada, que éste no se cansa de atacar. Y lo que menos aguanto es ese orgullo de macho con el que habla. Cree que todas vamos **a caer a sus pies**. Pues conozco a una que **ni borracha**. Estoy muy bien sin tener que cerrar otra vez todos los días los tapones del gel y del champú. Es increíble pero Luisa, Carmen, Isabel, todas se quejan de lo mismo. Todos **los tíos** están **cortados por el mismo patrón**. Bueno, es mejor olvidar el tema. Necesito **un café bien cargado** para terminar con este terrible dolor de cabeza. El *whisky* de anoche no era muy bueno.

12.00 de la mañana

¡Oh, no! ¡Otra vez el maldito ascensor estropeado! Mal empezamos el día. Algo me dice que hoy las cosas no van a ser nada fáciles. Pues andando hasta el cuarto. Tengo que ir al traumatólogo para que me mire esta rodilla. **Veo las estrellas** cuando la doblo. **Uno ya no está para estos trotes.**

— Pero, Ricardo, ¿qué haces aquí? ¿No tenías hoy el día libre?

— ¡Ah! Hola, Lucía. Sí, sí, es verdad, pero tengo que hacer algunas cosillas para el lunes.

— Eres imposible. No sé para qué tienes tu maravilloso apartamento. ¿Por qué no te instalas en la oficina? Y seguro que todavía te preguntas por qué Maite te ha dejado. Yo la entiendo perfectamente, chico. Considérate incluso afortunado por haberte soportado tantos años.

— Ya sé que vosotras sois unas mártires y que la culpa de todo la tenemos nosotros. Para qué vamos a discutir, ¿no? Pues hoy tenemos cita con el abogado.

— ¡Ah! Por eso tienes tú esa carita. Ahora lo entiendo. ¿Qué?, es difícil firmar la renuncia a una gran propiedad, ¿eh?

— Si tú te sientes propiedad de alguien, es problema tuyo. Pero Maite... ¡No tengo por qué darte ninguna explicación!

Cerré de un golpe la puerta de mi despacho. Estas feministas son como el mismísimo diablo. Siempre he pensado que Lucía no era una buena amiga para Maite. Cada vez que comían juntas volvía a casa con **la misma canción:** "es que ya no me llevas a bailar. Sólo piensas en ir al fútbol o **de juerga** con tus amigos". ¿Acaso estaba yo todo el día de fiesta o borracho como otros? Pero los demás siempre son mejores que yo, por supuesto, porque "el marido de Lucía la ayu-

¡ni hablar!: no se quiere mencionar o hablar de un tema.

no me va: no me gusta.

dar vueltas la cabeza: sentirse desorientado o estresado por tener que resolver demasiados asuntos.

dar este paso: decidirse a realizar algo después de pensarlo mucho.

da mucho a limpiar y a hacer la compra. Lo hacen todo juntos. Pero, claro, como tú no estás nunca en casa, me tengo que ocupar yo de todo. Y después, si te propongo salir, **¡ni hablar!**, porque el señor está muy cansado. Pero cuando estás en la comisaría haciendo horas extras como un tonto estás en plena forma, ¿verdad?". Me volvía loco. Pero lo peor de todo es que tenía razón. Lo que pasa es que a mí eso de planchar **no me va**. ¿Pero no la ayudaba en la cocina cuando llegaba pronto a casa? Claro que debo reconocer que eso sucedía pocas veces. Con lo del trabajo, lo acaba de decir Lucía, no tengo remedio. Ahora intento pasar algo más de tiempo en casa, pero, ¿para qué? Ya nadie me espera. Paradojas de la vida...

Bueno, Ricardo, concéntrate, que tienes menos de dos horas para terminar este informe. Creo que va a ser difícil porque **la cabeza me da vueltas**. No sé. El trabajo siempre ha sido mi mejor terapia, pero últimamente no funciona. Estoy demasiado intranquilo desde hace unos días. Y además hoy ese estúpido programa que he oído en la radio: "aumento increíble del número de divorcios. El 25% de los matrimonios de la última década ha decidido **dar este paso** en los últimos dos años". Y yo estoy a punto de formar parte de ese tanto por ciento. ¡Dios mío! Me horroriza ser un simple número, uno más en la lista, totalmente despersonalizado. ¿A quién le interesa saber que el Sr. Ricardo Méndez es otro de los divorciados de este año que, posiblemente como otros, no sabe cómo ha llegado a esta situación? Eso es algo que desde nuestra separación me obsesiona. Realmente yo siempre he hecho lo que Maite ha querido, aunque ella siempre se ha negado a reconocerlo, claro. Recuerdo perfectamente una de sus frases preferidas: "los hombres siem-

salirse con la suya: conseguir lo que se quiere.

un jarro de agua fría: decepción, desilusión.

el malo de la película: expresión relacionada con las películas, en las que siempre hay un personaje bueno y otro malo.

metí la pata: equivocarse en algo.

poner los cuernos: engañar a la pareja teniendo relaciones con otra persona.

se vuelan la cabeza: dispararse en la cabeza.

pre **os salís con la vuestra**". Parece que la estoy oyendo. No soportaba sus continuos reproches por todo, su constante malhumor. Pero cuando me pidió el divorcio fue como **un jarro de agua fría**.

– «Lo he pensado bien, y no tiene ningún sentido seguir así eternamente» –me dijo en uno de los pocos encuentros que hemos tenido desde la separación.

– Pero, Maite; me dijiste que sólo querías disponer de un tiempo para ti, para tus cosas, y ahora... No entiendo nada, de verdad.

– Ese es el problema, Ricardo, que tú nunca has entendido nada, que para ti nunca pasa nada. Desde tu punto de vista todo ha sido siempre perfectamente normal. Todos los matrimonios discuten, ¿verdad? Pero analizar el fondo de esa discusión es muy importante y tú te niegas a hacerlo.

– Lo que pasa es que hay otro con el que me has estado engañando estos años y ahora te vas con él, ¿verdad? ¿Es eso lo que intentas decirme? Pero evidentemente es mucho más cómodo ponerme a mí de **malo de la película**.

Y ahí sí que **metí la pata**. En eso soy especialista. Y nadie sabe cuánto lo siento. Pero nunca he soportado verla cerca de otro hombre. No lo puedo evitar. Y lo divertido es que estoy convencido de que nunca **me ha puesto los cuernos**. Espero no convertirme ahora en un psicópata de ésos que matan a su ex-mujer cuando ella tiene un nuevo amigo y después ellos **se vuelan la cabeza**... Y aparecer en esos horribles programas de sucesos de la tele. ¡No quiero ni pensarlo!

– Sr. Méndez, tiene una llamada por la línea privada.

Es ella. Estoy seguro. Que quiere anular la cita con

el abogado. Que lo ha pensado mejor o que tiene algo importante que decirme o..., no sé, pero que necesita hablar conmigo para arreglar las cosas.

– ¿Sí? –estoy demasiado excitado. Seguramente se me nota en la respiración. Nunca he tenido autocontrol. Tranquilo, Ricardo. Ella no puede darse cuenta.

– Parece que estás contento, hijo. Me alegro. ¿A qué hora has quedado con la **lagarta** de tu mujer? Porque yo pienso acompañarte al abogado, por supuesto. **De sobra** sé que ella se casó contigo sólo por nuestro dinero y ahora quiere **desplumarte**.

– ¡Mamá, por favor! Te he dicho mil veces que **no te metas** en nuestros asuntos. Y sabes muy bien que tengo que ir yo solo.

– Yo sólo quiero proteger tus intereses. Ya sabes que lo único que pretendo es ayudarte. Que las mujeres tenemos muy mala idea, y sobre todo la tuya, que todavía no sé cómo te dejaste **pescar**...

– Pero, mamá, si ella tiene su propio sueldo y es totalmente independiente...

– Sí, ya lo sé. Pero siempre necesita más para sus **trapos**. Que nos conocemos hijo, que nos conocemos. ¡Es que ya se te han olvidado las discusiones que teníais cuando tu mujercita iba de compras! Así que, estáte preparado porque esa **víbora** va a intentar **exprimirte** al máximo. Pero tú, ¡ni un duro!, Ricardo, ¿me has oído? ¡**Ni un duro**! Y si me necesitas, llámame.

13.30 de la tarde

No sé por qué nunca tengo tiempo para terminar de arreglarme con tranquilidad. ¡Y eso que ahora tengo el cuarto de baño para mí sola! ¡Menudas peleas antes, cuando los dos salíamos de casa a la misma hora! Bueno, tranquila, Maite, que el taxi está aquí dentro de cinco minutos. Y en veinte minutos sí que llegamos al centro, creo. Hoy no quiero llegar tarde. Y lo peor de todo es que después de tanto pensar al final no sé si me he puesto el vestido más apropiado. Lo malo es que éste me trae muchos recuerdos. Pero a Ricardo le gusta y mucho. Por eso me lo regaló. Por cierto, ¿dónde lo compró? ¡Ah, sí! En aquella tienda pequeñita de **la plaza de Cascorro**. Lo vimos un domingo en el escaparate cuando estábamos dando una vuelta por **el Rastro**. Los hombres son así, siempre quejándose porque gastamos demasiado en ropa, sobre todo **en rebajas**: "Maite, que te conozco. Deja la VISA en casa porque eres capaz de comprar medio **Corte Inglés**"; y luego son ellos los que están todo el tiempo regalándote cosas; bueno..., hasta que se olvidan de que existes, claro.

¡Ah! ése que está ahí abajo debe de ser mi taxi. **Un último vistazo** en el espejo. **Sobresaliente**. No sabe Ricardo lo que está a punto de perder. Su mujercita to-

la plaza de Cascorro: plaza de la parte antigua de Madrid, centro del Rastro.

El Rastro: mercado callejero del centro de Madrid donde los domingos por la mañana se puede comprar y vender de todo.

en rebajas: periodo de precios más baratos.

El Corte Inglés: cadena española de grandes almacenes.

un último vistazo: una mirada rápida.

sobresaliente: calificación máxima. Excelente.

No sé porqué nunca tengo tiempo para terminar de arreglarme con tranquilidad. ¡Y eso que ahora tengo el cuarto de baño para mí sola!

estar de buen ver: se dice de una persona que físicamente está bien, que es atractiva.

hora punta: momentos del día de mayor tráfico.

machistas: que muestran falta de respeto hacia las mujeres por considerarlas inferiores.

ni loco: por nada en el mundo; por ninguna razón, nunca.

mano dura: actuar de forma severa, sin flexibilidad.

morderse la lengua: no decir claramente lo que se piensa para no crear problemas.

Cibeles: famosa fuente situada en el centro de Madrid.

la boca: entrada.

davía **está de muy buen ver** y hoy tiene que darse cuenta. No le viene mal sufrir un poquito con esta idea.

– Buenas tardes. A la calle Alcalá, 75. Y dése prisa, por favor, que llego tarde a una cita importante.

– Sí, señora. Pero ya sabe cómo está el tráfico. Ahora todas las **horas** son **punta** y desde que las mujeres están al volante, esta ciudad es un caos. ¡Mire, mire!, ¡mire ésa! ¡Venga, guapa!, ¿aparcas o no?, que los demás queremos pasar. ¡Mujer tenía que ser! No sé cómo les pueden dar el carné. Claro, una buena minifalda el día del examen y ya ni semáforos en rojo ni nada.

– Su mujer no conduce, ¿verdad? –cuando oía uno de esos típicos comentarios **machistas** se me encendía algo dentro.

– Pues sí. Desgraciadamente, sí. Tiene el carné desde hace seis años. Pero yo no le dejo mi coche **ni loco**. Además, ¿para qué lo quiere si sólo sale de casa para hacer la compra? Eso es lo que siempre me pregunto. Y ya se lo advertí cuando se empeñó en ir a la autoescuela: "Marisa, que mi coche no lo tocas". Pero como ahora todos somos iguales, y tenemos los mismos derechos, pues que ella también quería aprender. Más **mano dura** es lo que hace falta, que todavía no sé cómo me convenció.

Muérdete la lengua, Maite, muérdete la lengua. Y lo peor es que en el fondo todos son iguales. Me río yo de los logros feministas. Pura ilusión. Las dos menos diez y estamos en **Cibeles**. Espero llegar a tiempo.

– Pare, pare aquí, al lado de **la boca** de metro, por favor.

tener pinta: tener aspecto de; parecerse a algo o a alguien.

de escudo: como protección o defensa.

Las dos en punto. No me lo puedo creer. Me imagino la cara de sorpresa que va a poner Ricardo. Pero, no lo veo. Quedamos delante del edificio del bufete, ¿no? Sí. Entonces todavía no ha llegado. ¡Qué raro!, ¡con lo puntual que es él para estas cosas oficiales...! Pues este lugar **tiene pinta** de ser bastante caro. Pero como el abogado es amigo suyo... De todas formas, desde el principio esto no me ha gustado porque así es difícil ser imparcial. Claro que, como ya tenemos establecido el reparto de bienes, no puede haber sorpresas. ¡Ah!, por allí viene, y viene solo, sin su madre **de escudo**, ¡increíble! ¡Hummm! ¡Qué elegante y qué guapo está! El color verde siempre le ha sentado muy bien. Verde esperanza, como dice él. Y ahora tiene el pelo más corto. Tiene un aspecto diferente. Me gusta. Sigue pareciendo tan deportista como cuando nos conocimos.

– Hola, perdona el retraso. Es que es casi imposible aparcar por esta zona a esta hora. Dame un beso, mujer, que parece que no me conoces. ¿Qué tal estás?

– Muy bien, aunque no sé qué se suele decir en estos casos...

– Veo que sigues tan irónica como siempre. Pueden pasar años sin vernos pero siempre te encuentro igual. ¿Subimos? Enrique nos está esperando.

– Sí, claro. Cuanto antes mejor, ¿no?

– ¿Cómo has venido hasta aquí?, ¿en taxi?

– Sí, claro. ¿También ahora vas a decirme que me gasto **una millonada** en taxis? Porque te recuerdo que ese dinero ya no sale de tu bolsillo.

– ¿También hoy tienes ganas de guerra?

una millonada: una gran cantidad de dinero.

– No, era un simple comentario. Olvídalo. Parece muy lujoso este edificio. ¿No crees que tu amigo Enrique nos va a sacar **un ojo de la cara?**

– No te preocupes. Ya hemos hablado de la cuestión económica y sus **honorarios** son como los de otros. Además ten en cuenta que ha dejado otros casos que tenía para atender el nuestro. Le dije que era urgente, como tú querías.

– Muy bien. ¿A qué piso vamos?

– Al quinto –El vestido que lleva puesto, ¿no es el que le regalé yo? Creo que sí, pero no le voy a decir nada. No quiero meter la pata. Le queda estupendamente. La verdad es que a ella todo le sienta fenomenal, incluso yo. Pero creo que aquel día tuvimos una buena **bronca.** Sí, claro. Ahora recuerdo. Que a ella le gustaba en azul y yo se lo compré blanco. Nunca puedes estar de acuerdo con una mujer. Creo que te **llevan la contraria** por gusto. ¿Y por qué se lo ha puesto hoy? No sé. No hay quien las entienda.

– ¿Qué pasa? ¿Por qué se ha parado el ascensor en el tercero?

PÁRATE UN MOMENTO

1. El ascensor se acaba de parar en la tercera planta. ¿Es ése uno de los temores que has apuntado antes de empezar a leer? Escribe seis consejos para no perder los nervios si el ascensor se para inesperadamente.

   a. _____

   b. _____

   c. _____

   d. _____

   e. _____

   f. _____

2. Ahora quizá no lo recuerdas, pero si haces un esfuerzo seguro que eres capaz de reproducir mucha de la información que aparece dentro de la cabina de un ascensor. Anota todas las cosas que se te ocurren:

   a. _____

   b. _____

   c. _____

   d. _____

   e. _____

   f. _____

   g. _____

   h. _____

   i. _____

3. Ricardo y Maite parecen ser personas de hábitos muy distintos. Haz memoria y debajo de cada nombre pon aquellas características que han aparecido en el texto:

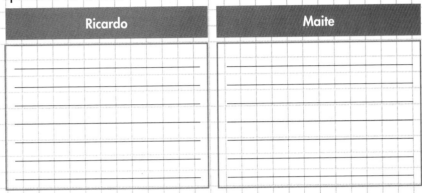

Ricardo	Maite

Compara tus respuestas con las de tus compañeros y buscad en el texto el momento que justifica vuestra elección.

4. En el texto aparecen muchos tópicos de comportamiento masculino y femenino. ¿Crees que esos tópicos esconden una cierta verdad? Coméntalo con tus compañeros.

5. Quizá de Maite no se puede decir que es una "alondra" y que funciona mejor por las mañanas, pero sí parece que Ricardo es un "búho" y que su ritmo vital es más nocturno que diurno. Lee este breve texto sobre alondras y búhos y comenta con tus compañeros si te parece que diferencias de este tipo pueden llevar al divorcio en una pareja:

Las personas tienen un ritmo horario particular, éstas se pueden clasificar en alondras o búhos. Las alondras tienden a estar muy despiertas a la mañana y los búhos están atentos por la noche. Cada ser humano tiene su propio ritmo biológico: hay personas que están más lúcidas y son más eficientes por la mañana y que por la noche no pueden trabajar. Los que son búhos tienen un alto rendimiento a la noche y un bajo rendimiento durante el día.

Manual Farmacéutico N.º483. Argentina

6. Cuando se despierta por la mañana, Maite repasa en su cabeza todo lo que tiene que hacer a lo largo del día. Piensa tú en lo que tienes que hacer mañana y confecciona una especie de agenda:

Hora	

Compara tu agenda con las de tus compañeros y mira en qué coinciden y en qué se diferencian. ¿Crees que se puede llegar a conclusiones generales para toda tu clase? ¿Cuáles?

_____

_____

_____

_____

7. Uno de los pensamientos de Maite la lleva hasta el día de su boda. A continuación tienes una lista de palabras asociadas con ese día, pero cuidado hay un par de intrusos. Encuéntralos, el diccionario te puede ser de utilidad.

❑ vestido blanco   ❑ flores   ❑ esquela   ❑ coche de lujo

❑ invitados   ❑ arroz   ❑ baile   ❑ restaurante   ❑ luto

8. La madre de Maite, en un cierto momento, le dice:

"– Hija mía, las mujeres debemos saber llevar a nuestros maridos con paciencia. Tenemos que adaptarnos a ellos."

¿Qué opinas de esta frase? ¿Te parece justificada? Coméntalo con tus compañeros.

9. A continuación tienes un texto sobre el divorcio en España en los últimos 25 años. Léelo y comenta con tus compañeros el artículo.

En 25 años de vigencia de la ley del divorcio se han registrado 800.000 divorcios y la situación "se agrava", según IPF

Canarias y Baleares registran más separaciones que bodas, mientras que en Cataluña y Madrid casi se igualan

MADRID, 4 (EUROPA PRESS)

Transcurridos 25 años desde la aprobación en España de la ley del divorcio (julio de 1981) y después de la reciente aprobación de la llamada 'ley del divorcio-express' (julio 2005), se han registrado más de 800.000 divorcios, según se desprende del informe 'La ruptura familiar en España, 25 años después (1981-2006)', elaborado por el Instituto de Política Familiar (IPF) y que será presentado mañana en Madrid.

Según explicó a Europa Press el presidente del IPF, Eduardo Hertfelder, este trabajo "confirma que la ruptura familiar se está agravando" y que a nivel autonómico y provincial "los datos son aún mas preocupantes". Tal es el caso de Canarias y Baleares, donde el número de rupturas supera ya al número de matrimonios que se producen en un año, mientras que en Madrid y Cataluña "está a punto de alcanzarse".

Hertfelder confirmó que los datos estadísticos del Consejo General del Poder Judicial (CGPJ) y del Instituto Nacional de Estadísticas (INE) sobre el comportamiento de los distintos indicadores relativos a la ruptura matrimonial confirman la previsión de que antes del año 2010, por cada matrimonio que se produzca se romperá otro.

Además, explicó que España es, tras Reino Unido, Francia y Alemania, uno de los países de la Unión Europea con más número de divorcios. "Y, si se confirman las tendencias, España se convertirá en 2006 en el tercer país de Europa con más divorcios, sólo detrás de Alemania y Francia", añadió.

MATRIMONIOS JÓVENES
A día de hoy, uno de cada cuatro (el 23%) matrimonios que se rompe no lleva ni cinco años de convivencia. "Es muy preocupante cómo está afectando a los matrimonios jóvenes", declaró el presidente del instituto familiar.

El IPF cree que el divorcio es actualmente el "principal problema de la familia", no sólo por la cantidad de rupturas sino porque afecta a padres, hijos, matrimonios jóvenes, matrimonios mayores, etc., es decir, directamente a más de medio millón de personas anualmente.

Con todo, el instituto denuncia la "absoluta dejación de las administraciones" y propone, entre otras cuestiones, la "rectificación y corrección de la ley de extensión del divorcio de 2005", que, a su entender, "ha resultado ser claramente desacertada", ya que, tras un año de aplicación se producen en España 408 rupturas al día.

Fuente: Europapress
Publicación noticia: 04-10-2006

En el texto que has leído, a la familia se le supone un valor que hace necesario tomar medidas para protegerla. ¿Cómo ves el tema?

10. En los últimos años en España se ha impuesto la expresión "violencia de género" para hablar de los casos en los que los hombres hacen uso de la violencia contra sus parejas o ex-parejas. Ricardo, en un cierto momento de la historia, dice que "espera no convertirse en un psicópata de ésos". Imagina que decide escribir una carta a un medio de comunicación escrito, explicando por qué él nunca llegará a cometer un acto de violencia contra su esposa –o ex-esposa.

11. A pesar de estar a punto de divorciarse, tanto Ricardo como Maite tienen una buena opinión del otro en distintos aspectos. Enuméralos a continuación y compara tu respuesta con la de tus compañeros:

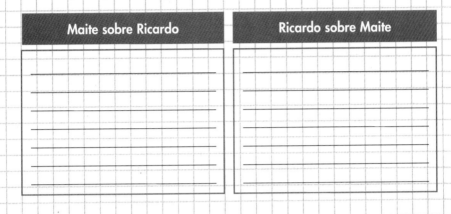

Maite sobre Ricardo	Ricardo sobre Maite

12. El ascensor está parado en la tercera planta. Ricardo y Maite encerrados en él. ¿Cómo crees que puede seguir la historia? Escribe tu propuesta de continuación de la historia y compárala después con la del libro y con la de tus compañeros.

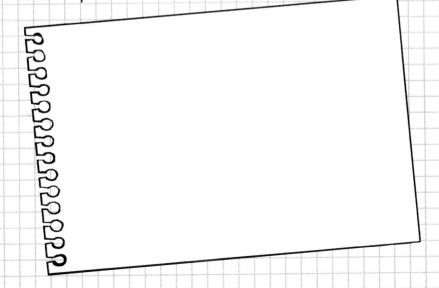

trastos: forma familiar para hablar de una cosa que no sirve para nada o no se sabe utilizar.

poner negro/a: poner de mal humor, no soportar.

de reojo: mirar con disimulo, no directamente.

– Ni idea. Puede ser un corte eléctrico porque no funciona ningún botón.

– ¿¡Qué dices!? ¿¡Y la alarma!? ¡No puede ser! Odio estos malditos **trastos**.

– No te pongas histérica, por favor. La alarma sí que suena, ¿ves?

– ¡No estoy histérica! ¡Pero podías hacer algo! – "Tú tranquila, cariñito, que yo estoy aquí". Eso es lo que suele decirme en estas situaciones. Y al final es él el que se pone más nervioso. A mí son sus estúpidos comentarios los que **me ponen negra**.

– Mira, Maite, no empieces. Imagino que alguien ha oído la alarma y está viniendo hacia aquí en estos momentos. ¿Qué más puedo hacer?

– ¡Vale, vale! Pero ya sabes que no me gusta estar encerrada.

Miré el reloj **de reojo** cuando ella no me miraba. Las dos y cuarto y viernes. Mucho me temo que nadie va a oírnos. En este edificio creo que sólo hay oficinas y cierran a las dos. Pero tiene que haber un portero o un vigilante. Eso espero porque si no Maite... Tengo que entretenerla de alguna forma.

– Estás muy guapa. Ese vestido siempre te ha sentado muy bien –¡Ya está! ¡Lo hice! Soy un **bocazas**. ¿No se te puede ocurrir ningún otro tema de conversación?

– Me lo he puesto porque es blanco y fresco y como hoy hace tanto calor... –Cuidado, Maite. Cuidado con lo que dices. ¿Por qué intentas justificarte? Eres tonta. Puede pensar que soy una provocadora. Me da igual. ¿Recuerda el vestido? Es poco probable. Nunca se ha fijado mucho en mi aspecto. No, eso no es verdad. Sé que mis ojos le encantan y siempre los he utilizado como arma para seducirlo. Espero no haber perdido esos encantos. Tengo que probar.– Pues han dicho que esta tarde podemos llegar a los 40 grados a la sombra. ¡Menudos días de **bochorno** que hemos tenido esta semana! Claro que es lo normal a finales de julio en esta ciudad.

– Sí, pero, ¿de verdad quieres hablar del tiempo, como cuando te encuentras con un desconocido en un ascensor? Creo que antes eras más original.

– Pues, propón tú un tema, porque mucho me temo que vamos a tener bastante tiempo.

– ¿Te acuerdas de cuando jugábamos a descubrir algún secretillo que teníamos? Tú inventaste el juego y tenías mucha habilidad para **tirarme de la lengua**. ¿Cuándo fue la última vez que nos vimos? ¿El día que nos encontramos en el cine? –¡Vaya pregunta! Sé perfectamente que hace más de cinco meses. He contado los días uno a uno. Pero eso ella no se lo imagina.– Estoy seguro de que

nuera: esposa del hijo de alguien.

calzonazos: se dice del hombre de carácter débil dominado por la mujer.

padrinos: las dos personas que hacen de testigos en una boda.

abrir los ojos: darse cuenta de algo que antes no estaba claro.

lapa: animal pequeño que vive pegado a las rocas del mar. Por comparación, persona que se "pega" a otra, que no se separa, por lo que es molesta.

residencia: residencia de ancianos.

los dos podemos contar alguna novedad.

– ¿Qué novedad? Pero si sólo han pasado unos meses desde que quedamos para hablar del piso. Y ya sabes que no fue precisamente un encuentro muy agradable, gracias a tu querida mamá... Por cierto, esperaba verla hoy. ¿Qué tenía que hacer tan importante que no ha venido a saludar por última vez a su querida **nuera**? Imagino que está más contenta que unas castañuelas por recuperar de nuevo a su hijo, ¿no?

– Sé que nunca os habéis llevado bien. Yo conozco bien a mi madre. Es muy dominante y tiene un carácter difícil. Mi padre estaba totalmente sometido a su voluntad. Fue un **calzonazos** toda su vida. Pero reconoce que tú disfrutas provocando a la gente y tampoco has sido muy agradable con ella. Además, lo de hoy no es una fiesta. Es algo que sólo nos interesa a nosotros. Esta vez no necesitamos **padrinos**. Soy perfectamente capaz de hacer las cosas yo solito.

– Pues me alegro por ti. Pero también lo siento porque siempre **abres los ojos** cuando ya no hay solución. Durante seis años no he parado de repetirte que tu madre nos estaba haciendo mucho daño. Siempre ha querido controlar nuestra vida. Y tú nunca has hecho nada para impedirlo.

– Sí, ya sé que desde que nací he estado controlado por ella. Nunca he pensado por mí mismo. Y cuando murió papá, mi madre se convirtió en una especie de **lapa** de la que no me podía librar. Pero ahora está en una **residencia**. Ella tiene su vida y yo la mía. No nos vemos mucho. Así que puedes estar tranquila.

– El único que me ha preocupado siempre en este asunto has sido tú.

– Y volviendo a lo del apartamento, tenías que haberte quedado tú con él. Para mí es demasiado grande y paso poco tiempo en casa; en cambio para ti es el lugar de trabajo.

– ¡Qué va! Estoy muy bien en el estudio que he alquilado y las vistas a la Plaza Mayor son fantásticas. Quería quedar contigo un día para enseñártelo, pero imagino que tienes mucho trabajo y no quiero molestarte.

– Pues te equivocas. Estoy intentando cambiar mis malas costumbres. Ahora intento cumplir mi horario. Tenías razón. La vida no es sólo trabajar. Sólo espero no haberme dado cuenta demasiado tarde. Y tú, ¿qué tal en el periódico?

– Pues, muy bien –¡Qué risa! Ahora quiere hacerme creer que pasa las noches en casita, como un niño bueno. Pues podía haber cambiado un poquito antes–. Ahora soy la coordinadora de la sección de sociedad. Gano más y trabajo menos. Ya sabes, no hay nada como ser jefe. Al final convencí a Alberto de que la coordinación tenía que estar en manos de una mujer.

– ¡Ah! ¡Qué suerte! –Ya imagino cómo ha convencido a su querido jefe. Pero si piensa que voy a hacer algún comentario sobre eso, **lo tiene claro**. Ya tuve suficiente con sus constantes provocaciones durante años: "¿Sabes? Alberto no está nada mal y **está forrado**". Claro que ahora no tiene que dar explicaciones a nadie. Estoy a punto de firmar la renuncia a todos mis derechos sobre ella. ¿Cómo ha dicho Lucía? Mi renuncia a una gran

lo tiene claro: expresión que se utiliza para decir que va a suceder lo contrario de lo que se espera.

estár forrado: tener mucho dinero.

buscarme las cosquillas: provocar a una persona con un tema desagradable buscando su reacción.

un tipo: despectivamente, tío, hombre.

donjuán: como Don Juan Tenorio, "playboy", conquistador de mujeres.

tirar los tejos: intentar conquistar a otra persona.

¡quién te ha visto y quién te ve!: refrán español que se utiliza para hablar de alguien que ha cambiado mucho en algún aspecto o en todos.

propiedad.– Bueno, ¿y qué tal te va con Alberto? Seguro que ahora estáis todo el día juntos...

– Haz el favor de no **buscarme las cosquillas** con tu tema favorito. Todavía no entiendo cómo puedes estar celoso de **un tipo** como él. Para mí, los **"donjuanes"** no tienen ningún atractivo. Él me **ha tirado los tejos** muchas veces. Pero nunca ha conseguido nada. No sé si lo entiendes porque para vosotros, los hombres, todas las mujeres somos iguales. Y vamos a dejar el tema, ¿vale? ¿Por qué no abren esta estúpida puerta de una vez? ¿¡No hay nadie ahí!?

– No grites, cariño. Imagino que necesitan la llave del ascensor y están buscándola. Ten paciencia. ¿Y sigues viajando tanto como antes a la caza de noticias de última hora?

– No. Ahora paso más tiempo en la redacción. Y aunque antes los odiaba, incluso empiezo a echar de menos mis viajes. Estoy pensando hacer pronto uno de placer. Por eso quiero terminar lo antes posible todos los trámites del... divorcio.

– ¡Un viaje de placer! ¡**Quién te ha visto y quién te ve**! Eso me recuerda nuestros viejos tiempos. Aquellos primeros viajes que hicimos juntos. Fueron fantásticos. ¿Te acuerdas en las playas del Caribe?, ¿y en la costa turca, tomando el sol todo el día? Creí haber encontrado la perfecta compañera. Pero aquello duró poco. Enseguida me di cuenta de que no te gustaba viajar.

– ¡No empecemos, Ricardo! Todavía no has entendido que tus gustos y los míos son diferentes. Que yo prefiero la aventura, descubrir cosas nuevas y no la simple comodidad de un hotel de cinco es-

un montón de veces: muchas veces.

el ombligo del mundo: el centro del mundo.

ligar: flirtear.

trellas con playa privada. Te lo he repetido **un montón de veces**, pero nunca has querido escucharme.

– Bueno, no tengo ganas de discutir otra vez sobre esto. Conozco todos tus argumentos de memoria. ¿Y a dónde quieres ir?

– Estoy pensando en el Tíbet. Creo que es un buen lugar para pensar. Me siento un poco desorientada y es lo que necesito en estos momentos.

– Pero tú eres una persona muy organizada. Creía que lo tenías todo bajo control y que sabías lo que querías.

– Pues te equivocas. Para mí no es nada fácil dar este paso. Y sé que para ti tampoco. Pero a veces es necesario plantearse las cosas.

– Sí. Al parecer tú lo tenías todo muy claro desde el principio. Me dijiste que necesitabas estar un tiempo sola para pensar y para descansar de la tensión que teníamos. Yo lo entendí y tengo que confesar que incluso me alegré. Yo también sentía la necesidad de un cambio. Pero mis reflexiones fueron más breves que las tuyas y en seguida empecé a sufrir tu ausencia. No sé si has olvidado que para mí es prácticamente imposible hacer algo sin ti. Pero nunca sospeché que pretendías deshacerte de mí de esta forma. Todavía no sé si lo has pensado bien. Y no se trata de creerme **el ombligo del mundo**, alguien imprescindible para ti. Estoy convencido de que puedes sustituirme fácilmente por otro. Siempre **has ligado** mucho. Pero sabes que tú eres lo más importante que tengo. ¿No crees que esto es un poco precipitado?

– Lo más importante que tienes... Me preguntas si

cómo te ponías: cómo te enfadabas.

estar hasta las narices: expresión sinónima de "estar harto".

¡no lo digas ni en broma!: exclamación que se utiliza cuando una persona no quiere aceptar la idea expuesta por otra.

móvil: teléfono transportable.

091: número de teléfono de la policía en España.

dar en el clavo: acertar, actuar de forma acertada.

lo he pensado bien. A veces pensar demasiado no es bueno. Por ejemplo, no quiero pensar que yo sólo he sido para ti una más de tus posesiones.

– ¡No digas tonterías! Sabes que has sido fundamental en mi vida. Me has ayudado mucho para terminar con la dependencia que tenía de mi madre. Antes era una persona muy insegura y gracias a ti todos mis miedos han desaparecido.

– ¡Vaya! Ahora resulta que soy tu salvadora. Ya no te acuerdas de **cómo te ponías** cuando intentaba ayudarte o te daba algún consejo: "¡No me trates como a un niño! ¡Estoy harto de tus discursos maternales!".

– Tienes razón. Y después de esas discusiones me sentía fatal, te lo aseguro. Pero no entendías que me recordabas a mi madre y que **estaba hasta las narices** de aguantarla. Y pienso que no hemos tenido muchas ocasiones para hablar tranquilamente. Pero ahora vamos a pasar un largo fin de semana encerrados aquí y quizá...

– **¡No lo digas ni en broma!** Pero, oye, ¿y tu **móvil**? ¡Cómo no se nos ha ocurrido antes! Podemos llamar al **091** o a los bomberos. Llama, llama enseguida.

– Lo siento, pero como sé que no te gustan estas estúpidas maquinitas que no sirven para nada, lo he dejado antes en el coche.

– ¡Vaya, hombre! Para una vez que lo necesitamos realmente, no lo tienes aquí. ¡Lo tuyo es increíble!

– Está claro que nunca **doy en el clavo**. Ya sé que soy un desastre. Sobre todo contigo. Pero ¿no te parece una maravillosa ocasión para hablar de nuestras cosas? Como dice el refrán: «**Más vale tarde que nunca**».

– Yo nunca me he negado a hablar. Pero éste no es el mejor lugar, ¿no te parece? Y tampoco el momento.

– ¿No dices que tienes ganas de viajar? Bueno pues, ¿por qué no organizamos juntos un viaje?

– ¿Viajar juntos? No, gracias. ¿Ya no te acuerdas de las peleas que teníamos siempre por las maletas? Ahora cuando viajo llevo lo que quiero y no tengo ningún problema.

– Olvídate de las maletas. Esta vez no las necesitamos. Podemos imaginar que estamos de nuevo en Ibiza, sentados en la terraza de aquella preciosa **cala** que tanto nos gustaba, ¿de acuerdo?

– ¡Ah, bueno! Si es así, vale. Sí, la recuerdo, la recuerdo perfectamente. Muchas veces pienso en aquellas noches. ¡Qué maravilla! Cenábamos y bajábamos a la playa para bañarnos. A mí al principio me daba un poco de miedo. Pero contigo me sentía más segura.

– ¿Y cuando nos dejaron encerrados dentro de aquel museo? ¡Qué noche!

– ¡Es verdad! ¡No me acordaba de aquello! En el museo marítimo, ¡Qué aventura! Estábamos solos en una sala pequeña viendo los acuarios de los peces y de repente apagaron las luces.

– ¡Menudo grito diste!

– **Menos mal** que tú, como siempre, estabas preparado y llevabas tu linterna. Estuviste buscando por todas partes a alguno de los vigilantes del museo porque creíamos que había un **apagón**.

aguardiente: bebida alcohólica.

contentillos: algo borrachos.

hacer la pelota: alabar, elogiar a una persona para conseguir algo de ella.

poner al corriente de: informar, explicar.

– Pero no había nadie. Estaba todo cerrado y tuvimos que pasar la noche allí. Y para no pasar frío, nos bebimos toda la botella de **aguardiente** de ciruelas que compramos por la tarde.

– Sí, pasamos la noche calientes y **contentillos**. Nos sentamos en un rincón y tú empezaste a contar una de las historias que solías inventarte con personajes fantásticos. Siempre me han encantado. Es una de las cosas que me atrajeron de ti cuando nos conocimos. Tu gran imaginación. Sigo pensando que tienes que publicar algo.

– Yo sólo invento para divertirme y para conquistar a mujeres bonitas como tú.

– **No me hagas la pelota**. Pues fíjate, tengo grabada en la memoria la historia que me contaste aquella noche. Era sobre unos marineros que una noche en medio de una intensa niebla chocaron contra una enorme roca, con tan mala suerte que su barco se hundió.

– Y una corriente los arrastró a todos hasta una isla desconocida. Al día siguiente se despertaron rodeados de un grupo de hombres idénticos a ellos. Estaban tan aturdidos que no sabían qué pensar. Después de invitarlos a desayunar, sus anfitriones **les pusieron al corriente** de su historia, de la que los marineros formaban parte, aunque hasta entonces no lo sabían.

– Los misteriosos hombres explicaron que eran almas gemelas de los marineros. Llevaban mucho tiempo esperándolos para intercambiar sus vidas, como estaba escrito en su libro sagrado. Al principio a todos aquello les pareció un poco raro. Pero como estaban cansados de tanto trabajar, de

— *No me hagas la pelota. Pues fíjate, tengo grabada en la memoria la historia que me contaste aquella noche.*

(tocar el) premio gordo: ser el ganador del primer premio de la Lotería.

polizón: persona que viaja gratis, escondida en un medio de transporte.

"Y colorín colorado este cuento se ha acabado": frase con la que terminan los cuentos, historias para niños.

aguantar al jefe, a la suegra y sobre todo a la mujer, decidieron quedarse allí. Pensaron que aquella isla exótica llena de fantásticas mujeres era el mejor **premio gordo** que les podía tocar.

– Me parece que no era exactamente así, que no aparecía ninguna mujer insoportable ni ninguna suegra.

– ¿No estábamos jugando a imaginar cosas? Pues podemos cambiar el final, ¿no?

– Tienes razón. ¿Entonces puedo seguir yo con la historia?

– Adelante.

– Bien. Pues uno de nuestros hombres lo pensó mejor y decidió que, a pesar de sus problemas, no quería cambiar de vida ni dejar a su querida mujer. Y en el último momento se metió de **polizón** en el barco que volvía al mundo conocido. Pero no fue nada fácil conseguir su objetivo. Tuvo que luchar con su gemelo porque sólo uno de los dos podía volver a tierra. Nuestro marinerito tuvo suerte y volvió a casa. Su mujer nunca supo nada de esta aventura. Él guardó muy bien su secreto. Pero a partir de ese momento valoró mucho más lo que tenía. Nunca más se arriesgó a perderlo todo. «**Y colorín colorado**...

– ...**este cuento se ha acabado**». ¿Y cuál se supone que es la moraleja que debemos aprender?

– No te la voy a decir yo.

– Creo que estás entrando en un terreno bastante peligroso.

– Tú misma has dicho que a veces es mejor no pensar demasiado. Es sólo una historia que al final

quesitos: pequeñas porciones de queso blando.

hacerse la boca agua: la expresión se refiere a la sensación que tenemos ante algo que nos gusta mucho comer.

nos lo pasamos pipa: divertirse mucho.

alucinar: sorprenderse, asombrarse.

chollo: algo muy bueno que se consigue con poco esfuerzo o dinero.

niña mimada: chica a la que siempre se le da todo.

detalles: pequeños actos que expresan amabilidad o afecto.

termina bien, nada más. Bueno, ¡y el maravilloso desayuno que tuvimos a la mañana siguiente! ¿Recuerdas? Un poco menos variado que otros días, pero yo no podía perder la buena costumbre de preparártelo, como siempre.

– Cuando sacaste del bolsillo los **quesitos** de la excursión del día anterior, **se me hizo la boca agua**. Estaban un poco aplastados, pero deliciosos. ¡Tenía tanta hambre! Quesitos y chocolate. ¡Menudo banquete!

– ¡Y la cara de tonto que puso el vigilante cuando abrió el museo a las 10 y nos vio allí! El pobre hombre no sabía cómo disculparse. Y después nadie nos creía. **Nos lo pasamos pipa** contándoselo a todo el mundo.

– La verdad es que con nuestras historias la gente siempre **ha alucinado**.

– Para todos éramos la pareja perfecta...

– ¿Sabes una cosa, Ricardo? Echo mucho de menos esos desayunos que me llevabas a la cama en los primeros tiempos. Después, como no coincidían nuestros horarios de trabajo, se me terminó el **chollo**.

– Ves, mujer. No todo ha sido negativo en nuestra relación.

– Yo nunca he dicho ni he pensado eso. Al contrario. Mis amigas siempre me han envidiado por la suerte que tenía. Estaba acostumbrada a ser una **niña mimada**. Y me encantaban los **detallitos** de todos los días y sentirme como una reina. Pero poco a poco esa magia fue desapareciendo...

– Sí, pero a todos, también a nosotros nos gustan

las sorpresas, los regalitos, **los mimitos**. Pero vosotras os olvidáis de eso enseguida. Sólo son vuestras armas de conquista. Cuando nos **tenéis en el bote** se acabó. Empezáis a vernos como pequeños monstruos que siempre os quieren llevar la contraria. Y todo lo que decimos o hacemos os parece horrible.

– Parece que conoces a las mujeres perfectamente. No sabía que tenías tanta experiencia...

– Yo te conozco a ti, Maite. Y después de estos años, creo que bastante bien. Y no puedes negarme que tu actitud conmigo es ahora más agresiva. Si no te ayudo en la cocina, mal, pero si te ayudo, peor porque "¡parece mentira! ¡Todavía no sabes dónde está la sal en tu propia casa!".

– Todos perdemos la paciencia alguna vez, ¿no? Estamos cansados o preocupados. No sé. A veces necesitaba hablar contigo, pero, claro, tú tenías trabajo en la comisaría y no volvías a casa en toda la noche. ¿Para qué quieres vivir con una persona si realmente no está a tu lado cuando te sientes mal?

– Pero tú me llamabas al trabajo a cualquier hora. Y yo no podía estar contigo todo el día. No se puede ser tan posesivo como tú. Además, tú tampoco querías escucharme cuando llegaba amargado del trabajo: "No me cuentes tus **rollos** con los jefes. ¡Bastante tengo con los míos!". Ya te he dicho que es un problema de falta de comunicación.

– No, Ricardo. No sólo. ¿Tienes un cigarro?

– Creía que ya no fumabas.

– Últimamente lo necesito para relajarme. Y ahora me siento un poco tensa.

señales de vida: responder de alguna forma a la llamada de alguien.

culebrones: coloquialmente, telenovelas hispanoamericanas.

tomar a cachondeo: no tratar con seriedad un asunto o a una persona.

espectáculos: coloquialmente comportamiento que causa escándalo.

– ¿Te molesta el tema?

– No. Pero empiezo a sentir claustrofobia. Llevamos más de una hora aquí metidos y nadie da **señales de vida**.

– ¿Has pensado que estás encerrada en un ascensor con un pequeño monstruo?, ¿y que puedes morir asfixiada con él antes de firmar su sentencia de muerte?

– Me parece a mí que tú has visto muchos **culebrones**... Pero creo que aquí no va a venir nadie.

– ¡Que sí, mujer! Pero mientras tanto puedes seguir con la tortura. ¿Qué otros pecados he cometido?

– Si te lo vas a **tomar a cachondeo** prefiero hablar del tiempo.

– ¡Vale, vale! Que ya me pongo serio.

– Mira, Ricardo, tú siempre has presumido de hombre moderno. "Yo no soy machista. Eso mi padre. Yo ayudo mucho a Maite. Además ella tiene total libertad para todo". Pero creo que realmente nunca lo has dicho en serio. ¿No te acuerdas de los **espectáculos** que me preparabas cuando salía, una vez al año, con mis compañeros de trabajo o con mis amigas? Los celos siempre han sido más fuertes que tú.

En eso tienes razón. Siempre he tenido miedo de perderte. Por eso quizás me he comportado como un estúpido algunas veces. Y al final va a suceder lo que tanto temía. Te voy a perder de todas formas.

– ¿Tú crees que una persona puede vivir siempre controlada? "Que quién te ha llamado a estas horas, que de quién son estas flores...". Y luego lo del dinero: "gastas demasiado en trapos, cariño"; "Maite, no te pases el día colgada del teléfono, que después soy yo quien paga las facturas". ¿Y lo del carné de conducir? Eso no te lo perdono en la vida.

– Pero, Maite. Sé razonable. Si no sabes ni controlar una bicicleta, ¿cómo quieres manejar un coche? Nunca has sabido aceptar tus limitaciones.

– ¡**Narices**! A ti sólo te preocupaba el número de clases prácticas que tenías que pagar. Además, ¡yo tengo mi propio sueldo y podía pagarlo yo! Pero tú siempre has dispuesto de todo el dinero para poder **cortarme las alas**. ¡Y nunca más!, ¿me has oído? ¡Nunca más!

– El problema es que no tienes moderación para nada. Todo tiene que ser **a lo grande**. Si no, no te gusta.

– Te estoy diciendo que el problema es que eres un machista, como la mayoría. Y es como con los alcohólicos, tienen que ser conscientes de su problema para poder superarlo.

– Me has repetido mil veces que soy un machista porque no te ayudo en casa. Pero, ¿sabes quién tiene la culpa de eso? ¡Tú! Sois vosotras las que siempre decís "deja, déjalo, que yo lo hago mejor"; "en vez de ayudarme tardo mucho más contigo". ¿No es eso también machismo?

– Sí. Y de eso tienen la culpa nuestras madres y su educación sexista.

– Parece que al final el origen del problema está en manos femeninas...

– ¿**Vuelves a la carga**?

- No te enfades, mujer. Es una broma. Pero me parece fenomenal estar discutiendo sobre esto. Y reconozco que tienes razón. Es verdad que siempre he pensado que entre nosotros no sucedía nada grave. Siempre son los otros los que no entienden a sus mujeres, los que las maltratan, los que se divorcian. Y ahora yo...

- Sí. Es extraño. Recuerdo cuando en el periódico me encargaba del **consultorio** sentimental. Era muy fácil ver las cosas desde fuera y dar consejos a todo el mundo. Pero me he dado cuenta de que esto a mí no me sirve.

- ¿Te acuerdas de cuando Iván y Belén se divorciaron? Hace un año y medio más o menos, ¿no? Para mí fue un sorpresón. Siempre estaban juntos, se les veía felices, aparentemente no tenían problemas... Un día nos encontramos por casualidad Iván y yo, creo que te lo dije, y como no nos veíamos desde hacía mucho tiempo, estuvimos tomando unos vinos por el **Arco de Cuchilleros**. Y de repente me dice: «Ricardo, estoy hundido. Belén me ha dejado por otro». **Me dejó de piedra**. ¡Belén con otro hombre! «Es un compañero de trabajo —me explicó−. Y lo peor es que ella no quiere ni hablar de reconciliación. Dice que **pasa de mí** y de mis aventuras con las mujeres. Otras mujeres están orgullosas de las conquistas de sus maridos. Pero la mía... Y sólo por eso quiere dejarme. No la entiendo». Ya sabes que Iván ha sido siempre un donjuán, además indiscreto. Yo quise consolarlo, pero no supe cómo: «tú piensa sólo en lo positivo que ha tenido tu matrimonio y defiéndelo **con uñas y dientes**».

consultorio: sección a la que la gente escribe para contarle sus problemas.

Arco de Cuchilleros: una de las entradas a la Plaza Mayor de Madrid.

dejar de piedra: sentirse paralizado ante una gran sorpresa.

pasar de: no tener ningún interés por algo o alguien.

con uñas y dientes: con todas las fuerzas.

Pero el secreto es cómo debes hacerlo. Y esa fórmula nadie te la puede dar.

– ¿Defender su matrimonio? ¿Tú crees que él estaba realmente preocupado por arreglar sus problemas con Belén? ¡Qué va! Pero, claro, era muy cómodo llegar a casa después de haber estado con una jovencita y encontrar todo preparado y a una esposa sonriente, que ni puede salir a la puerta de casa sin tener que dar mil explicaciones a su maridito. Y así estuvo Belén aguantando durante ocho años. Las mujeres somos así de tontas.

– Pero, Maite, yo nunca...

– ¿Que nunca me has engañado? Lo sé. Yo siempre he confiado en ti. Pero no puedes imaginarte lo que pasó Belén. Todo el mundo hablaba de las aventuras de Iván. Y ella nunca dijo nada. Hasta que ya no pudo más. Y te aseguro que es mucho más feliz desde su separación, aunque al principio le costó mucho **hacerse a la idea**. Pero antes me contaba cosas horribles de Iván, realmente imperdonables. Y no creas que el suyo es un caso aislado, por desgracia.

– ¿Y tú tampoco vas a poder perdonarme? Sé que he sido un niño un poco malo, pero... ¿No crees que con estos meses de separación ya me has castigado bastante?

– No se trata de castigar, Ricardo, sino de hacerte comprender que es necesario cambiar de actitud.

– Pues te aseguro que he tenido mucho tiempo para pensar y que lo he comprendido perfectamente. Creo que en esta conversación por primera vez **hemos puesto las cartas sobre la mesa** y me alegro. Los dos somos conscientes de que si

hacerse a la idea: aceptar algo.

poner las cartas sobre la mesa: manifestar claramente algo.

seguimos adelante con lo del divorcio tenemos mucho que perder, y por lo menos yo estoy dispuesto a **jugármelo** todo en una nueva partida. ¿Aceptas **el reto**?

– No sé, Ricardo. Yo estaba decidida a..., bueno, ya sabes. Tenía las ideas muy claras, pero... otra cosa son los sentimientos. Y de eso tú tienes toda la culpa.

– Acepto mi responsabilidad con mucho gusto.

– ¿Tú crees que una conversación lo arregla todo?, ¿que ya está todo solucionado? Hay muchas cosas de las que hablar.

– ¿Pues qué te parece si lo hacemos en la India, por ejemplo?

– No vayas tan deprisa. Además, te olvidas de tu maravilloso trabajo. ¿Que van a hacer sin ti?

– Todo se puede arreglar.

– Ya... Me siento un poco mareada. Debe de ser la falta de aire. ¡Oye!, ¿se mueve el ascensor o son alucinaciones mías?

– Sí, parece que quiere moverse. ¡Sí, sí! ¡Ya funciona!

– ¡**Ya era hora**! Nunca más voy a entrar en un aparato de éstos. La escalera es mucho más segura.

– No te quejes tanto, que tampoco lo hemos pasado tan mal. Cuarto ¡y quinto piso! Fin del trayecto.

– ¿Tú crees que tu amigo está todavía en la oficina? Son casi las cuatro.

– No lo sé. Pero, Maite, creía que eso ya no nos importaba... Todavía no has contestado a mi pre-

borrón y cuenta nueva: expresión para empezar una nueva etapa.

gunta. ¿No crees que podemos intentarlo de nuevo? ¿Aceptas o no? ¿Hacemos **borrón y cuenta nueva**?

– No sé por qué tengo la sensación de que esto del ascensor ha sido idea tuya...

– ¿A qué piso vamos?

– ¿A la planta baja?

– A la planta baja.

EXPLOTACIÓN DIDÁCTICA
EJERCICIOS PARA EL ALUMNO

Lecturas de Español es una colección de historias breves especialmente pensadas para los estudiantes de español como lengua extranjera. Los cuentos han sido escritos, teniendo en cuenta, básica pero no únicamente, una progresión gramático-funcional secuenciada en seis etapas, de las cuales las dos primeras corresponderían a un nivel inicial de aprendizaje, las dos segundas a un nivel intermedio, y las dos últimas al nivel superior. Como resultado de la mencionada secuenciación, el estudiante puede tener contacto con textos escritos "complejos" ya desde los primeros momentos del aprendizaje y puede hacer un seguimiento más puntual de sus progresos.

Las aportaciones didácticas de *Lecturas de Español* son fundamentalmente dos:

- notas léxicas y culturales al margen, que permiten al alumno acceder, de forma inmediata, a la información necesaria para una comprensión más exacta del texto.

- explotaciones didácticas amplias y variadas que no se limiten a un aprovechamiento meramente instrumental del texto, sino que vayan más allá de los clásicos ejercicios de "comprensión lectora", y que permitan ejercitar tanto otras destrezas como también cuestiones puntuales de gramática y léxico. El tipo de ejercicios que aparecen en las explotaciones permite asimismo llevar este material al aula ampliando, de esa manera, el número de materiales complementarios que el profesor puede incorporar a a sus clases.

Con respecto a los autores, hemos querido contar con narradores capaces de elaborar historias atractivas, pero que además sean –condición casi indispensable– expertos profesores de E/LE, para que estén más sensibilizados con el tipo de problemas con que se enfrenta un estudiante de español como lengua extranjera.

Las narraciones, que no se inscriben dentro de un mismo "género literario", nunca **son** adaptaciones de obras, sino **originales** creados *ex profeso* para el fin que persiguen, y en ellas se ha intentado conjugar tanto amenidad como valor didáctico, todo ello teniendo siempre presente al lector, una persona joven o adulta con intereses variados.

PRIMERA PARTE
Comprensión lectora

1. Responde verdadero o falso a las siguientes preguntas sobre el texto. El número entre paréntesis es el de la página donde se encuentra la solución.

a. Maite y Ricardo llevan casados siete años. (Pág. 10)   ☐V / F☐

b. Ricardo es comisario de policía. (Pág. 11)   ☐V / F☐

c. Ricardo cambió con el matrimonio. (Pág. 12)   ☐V / F☐

d. El apellido de Ricardo es González. (Pág. 16)   ☐V / F☐

e. Maite puso los cuernos a Ricardo. (Pág. 17)   ☐V / F☐

f. La madre de Ricardo adora a Maite. (Pág. 18)   ☐V / F☐

g. Maite se pone un vestido nuevo para la cita con Ricardo. ☐V / F☐
(Pág. 19)

h. Ricardo acude a la cita con un traje gris. (Pág. 22)   ☐V / F☐

i. Cuando suben en el ascensor, éste se queda parado en el ☐V / F☐
quinto piso. (Pág. 23)

j. Es viernes, son las dos y cuarto y es verano. (Pág. 30)   ☐V / F☐

k. La última vez que Ricardo y Maite se vieron fue hacía seis ☐V / F☐
meses. (Pág. 31)

l. La madre de Ricardo es demasiado dominante y perjudi- ☐V / F☐
có al matrimonio. (Pág. 32)

m. Maite ha alquilado un apartamento en la Plaza de ☐V / F☐
Castilla. (Pág. 33)

n. A Maite le gustan los hombres guapos y ligones. (Pág. 34) ☐V / F☐

ñ. Los dos recuerdan cuando se quedaron encerrados den- ☐V / F☐
tro de un museo. (Pág. 37)

o. Maite escuchaba pacientemente los problemas de Ricar- ☐V / F☐
do cuando éste llegaba a casa. (Pág. 42)

p. Ricardo propone a Maite que vuelvan a intentarlo. (Pág. 48) ☐V / F☐

2. **Solamente una de las tres opciones corresponde en cada caso a lo que se expresa en el texto. Señálala.**

1. Con la separación,
☐a. Ricardo se ha ido de casa y se ha instalado en la oficina.
☐b. Maite ha alquilado un piso y Ricardo se ha quedado en la casa.
☐c. ambos continúan viviendo en la casa, pero sin hablarse.

2. En la cita que tienen los dos,
☐a. Maite llega a las dos en punto y Ricardo un poco más tarde.
☐b. como siempre, Maite llega diez minutos tarde.
☐c. por discutir con el taxista, Ricardo no puede llegar a tiempo.

3. El abogado que les va a llevar el divorcio,
☐a. es un conocido de Maite.
☐b. lo conocen los dos desde hace años.
☐c. es un amigo de Ricardo.

4. El padre de Ricardo,
☐a. fue un machista prepotente, lo que influyó en su hijo.
☐b. murió cuando Ricardo era muy pequeño.
☐c. siempre estuvo dominado por su mujer.

5. Cuando viajaban juntos no se entendían porque,

☐a. a Ricardo le gustaba quedarse en la playa y Maite amaba la aventura.

☐b. Ricardo era demasiado activo para Maite.

☐c. a Maite no le gustaba viajar.

6. Ahora que se van a divorciar, Maite planea,

☐a. dedicarse completamente al trabajo.

☐b. hacer un viaje al Tíbet.

☐c. ligarse a su jefe.

7. En la historia que Ricardo le contó a Maite, los marineros se encontraron,

☐a. una isla con sus almas gemelas.

☐b. una isla llena de los fantasmas de sus mujeres.

☐c. otro barco fantasma con marineros como ellos.

8. En su matrimonio,

☐a. la magia fue desapareciendo.

☐b. hubo problemas desde el principio.

☐c. todo fue malo.

9. ¿Cuánto tiempo estuvieron juntos en el ascensor?

☐a. Un fin de semana.

☐b. Medio día.

☐c. Casi dos horas.

10. Al final, cuando logran subir al quinto piso,

☐a. hablan con el abogado y le dicen que no se divorcian.

☐b. vuelven al piso bajo.

☐c. entran en el restaurante, dispuestos a intentarlo otra vez.

SEGUNDA PARTE
Gramática y notas

1. Observa qué tiempos del pasado aparecen en el siguiente fragmento del texto:

"Pues, fíjate, tengo grabada en la memoria la historia que me contaste aquella noche. Era sobre unos marineros que una noche en medio de una intensa niebla chocaron contra una enorme roca, con tan mala suerte que su barco se fue a pique. Y una corriente los arrastró a todos hacia una isla desconocida. Al día siguiente se despertaron rodeados de un grupo de hombre idénticos a ellos. Estaban tan aturdidos que no sabían qué pensar. Después de invitarlos a desayunar, sus anfitriones les pusieron al corriente de su historia, de la que los marineros formaban parte, aunque hasta entonces no lo sabían. Los misteriosos hombres explicaron que eran almas gemelas de los marineros. Llevaban mucho tiempo esperándolos para intercambiar sus vidas, como estaba escrito en su libro sagrado. Al principio a todos aquello les pareció un poco raro. Pero como estaban cansados de tanto trabajar, de aguantar al jefe, a la suegra y sobre todo a la mujer, decidieron quedarse allí. Pensaron que aquella isla exótica llena de fantásticas mujeres era el mejor premio gordo que les podía tocar. Uno de nuestros hombres lo pensó mejor y decidió que, a pesar de sus problemas, no quería cambiar de vida ni dejar a su querida mujer. Y en el último momento se metió de polizón en el barco que volvía al mundo conocido. Pero no fue nada fácil conseguir su objetivo. Tuvo que luchar con su gemelo porque sólo uno de los dos podía volver a tierra. Nuestro marinero tuvo suerte y volvió a casa. Su mujer nunca supo nada de esta aventura. Él guardó muy bien sus secreto. Pero a partir de ese momento valoró mucho más lo que tenía. Nunca más se arriesgó a perderlo todo".

1.1. ¿Cuántos tiempos del pasado aparecen en el texto? ¿Cuáles?

_____

_____

_____

_____

_____

_____

1.2. **Imagina que tienes que convertir el texto anterior en una noticia para la radio, teniendo en cuenta que todo lo ocurrido ha sucedido justo a primera hora de la mañana del día en que se emiten las noticias. Tienes que realizar todas las transformaciones necesarias (desaparecerá, por ejemplo, la expresión "Al día siguiente"). El texto puede empezar así:**

A primeras horas de esta madrugada, en medio de una intensa niebla, el barco "Libertad" _____

_____

_____

_____

_____

_____

_____

_____

_____

_____

_____

_____

_____

1.3. **¿Qué ha pasado con los tiempos del pasado? ¿Cómo se han transformado? Intenta elaborar una pequeña explicación del uso de los tres tiempos del pasado que han aparecido a lo largo de esta actividad.**

_____

_____

_____

_____

2. Fíjate en estas frases que aparecen en el texto, y especialmente en los fragmentos marcados:

1. **Me encanta la luz** que entra en la habitación a primera hora.

2. **(La luz) me hace** sentir bien antes de pensar en todo lo que tengo que hacer durante el día.

3. Lo curioso es que no soy capaz de decir **qué es lo que me hace falta.**

4. Lo que pasa es que **a mí eso de planchar no me va.**

5. **Me horroriza ser un simple número,** (...).

6. **¿A quién le interesa saber que el Sr. Ricardo Méndez** es otro de los divorciados de este año (...)?.

7. **Eso es algo que** desde nuestra separación **me obsesiona.**

8. Lo malo es que **éste (vestido) me trae muchos recuerdos.**

9. A Ricardo **le gusta (el vestido)** mucho.

10. (El vestido) **Le queda** estupendamente.

11. La verdad es que **a ella todo le sienta fenomenal.**

12. (...) **a ella (el vestido) le gustaba en azul** y se lo compré blanco.

13. **A mí son sus estúpidos comentarios los que me ponen negra.**

14. **Ese vestido siempre te ha sentado muy bien.**

15. ¿No se te **puede ocurrir ningún otro tema** de conversación?

16. (lo de hoy) Es **algo que sólo nos interesa** a nosotros.

17. **El único que me ha preocupado siempre en este asunto has sido tú.**

18. Eso **me recuerda** (...) **aquellos primeros viajes** que hicimos...

19. Lo siento, pero como **sé que no te gustan estas estúpidas maquinitas** que no sirven para nada, lo he dejado antes en el coche.

20. Pero, **¿no te parece una maravillosa ocasión** para hablar de nuestras cosas?

21. **Las historias que solías inventarte siempre me han encantado.**

22. Y **me encantaban los detallitos** de todos los días...

23. Sí, pero a todos, también a nosotros, **nos gustan las sorpresas, los regalitos, los mimitos.**

24. Y **todo lo que decimos o hacemos os parece horrible.**

25. **Todo** tiene que ser a lo grande. Si no, **no te gusta.**

26. Pero me he dado cuenta de que esto **a mí no me sirve.**

27. Creía que **eso ya no nos importaba...**

Ahora pon el verbo en plural o en singular y observa las transformaciones que se producen (a veces el significado puede resultar un poco forzado o poco relacionado con el texto):

1. ....
2. ....
3. ....
4. ....
5. ....
6. ....
7. ....
8. ....
9. ....
10. ....
11. ....
12. ....
13. ....
14. ....
15. ....
16. ....
17. ....
18. ....
19. ....
20. ....
21. ....
22. ....
23. ....
24. ....
25. ....
26. ....
27. ....

3. **En la lista de tópicos que tienes a continuación hay unos que se asocian con "actividades" tradicionalmente realizadas por mujeres y otras con "actividades" tradicionalmente realizadas por los hombres. Algunas de las palabras no pertenecen a ningún universo en particular. Agrúpalos, después de buscar aquellas que no entiendas, en una de las columnas que tienes más abajo.**

ir de compras, jugar una partida, ir al bar, fumar, beber, tumbarse en el sofá, trabajar, limpiar, cambiar pañales, esperar en casa, ir a cenar con los compañeros, interrogar a la pareja, tener celos, tomar una copa, ir al fútbol, hacer horas extras, planchar, hacer continuos reproches, no entender nada, hacer lo que la pareja quiere, pedir el divorcio, meter la pata, discutir, engañar, matar a la ex-pareja, suicidarse, casarse por dinero, tener mala idea, arreglarse, llegar tarde, quejarse, hacer regalos, olvidar, sufrir, llegar tarde a una cita, conducir, ser puntual, dar un beso, hacer deporte, preocuparse, llevar la contraria, ponerse histérico/histérica, seducir, provocar, fijarse en el aspecto, jugar, dar explicaciones, repetir las cosas mil veces, no querer escuchar, tener las cosas claras, ligar.

Actividades femeninas	Actividades neutras	Actividades masculinas
1.	1.	1.
2.	2.	2.
3.	3.	3.
4.	4.	4.
5.	5.	5.
6.	6.	6.
7.	7.	7.
8.	8.	8.
9.	9.	9.
10.	10.	10.
11.	11.	11.
12.	12.	12.
13.	13.	13.
14.	14.	14.
15.	15.	15.
16.	16.	16.
17.	17.	17.

18.	18.	18.
19.	19.	19.
20.	20.	20.
21.	21.	21.
22.	22.	22.
23.	23.	23.
24.	24.	24.
25.	25.	25.
26.	26.	26.
27.	27.	27.
28.	28.	28.
29.	29.	29.
30.	30.	30.

4. En el texto aparece una serie de expresiones que se explican en las notas. Veamos cómo anda tu memoria. Relaciona las expresiones de la izquierda con la/s palabra/s que mejor recoja/n el significado que le/s corresponde/n en la columna de la derecha.

a. dar el pasaporte a alguien •   • 1. acertar, adivinar

b. echar por tierra algo •   • 2. depender

c. caer a los pies de alguien •   • 3. hundirse

d. tirar de la lengua a alguien •   • 4. elogiar, alabar

e. estar en manos de alguien •   • 5. cansarse

f. irse algo a pique •   • 6. arriesgarse

g. dar alguien en el clavo •   • 7. interrogar

h. estar hasta las narices de algo •   • 8. destruir

i. jugarse alguien todo •   • 9. enamorarse

j. hacerse a la idea de algo •   • 10. echar, abandonar

k. hacerle la pelota a alguien •   • 11. aceptar

5. En el texto también hay palabras que quizás ves por primera vez. Relaciónalas con las definiciones de la columna de la derecha.

a. mando •

b. resaca •

c. trapo •

d. rebajas •

e. bocazas •

f. apagón •

g. móvil •

h. polizón •

i. chollo •

j. culebrón •

k. reto •

• **1.** familiarmente, prenda de vestir femenina

• **2.** persona incapaz de guardar un secreto

• **3.** familiarmente teléfono portátil

• **4.** cosa muy buena conseguida a muy bajo precio

• **5.** larga serie melodramática de televisión

• **6.** persona que viaja de forma oculta e ilegal en un barco

• **7.** mecanismo para controlar un aparato o máquina

• **8.** corte inesperado de luz eléctrica

• **9.** objetivo difícil de realizar

• **10.** estado el día después de beber

• **11.** reducción de precios en una época del año

6. **En la historia aparecen algunos nombres de personas y de lugares que seguro que sabes relacionar:**

a. Maite •

b. Marbella •

c. Plaza de Cascorro •

d. El Rastro •

e. El Corte Inglés •

f. Cibeles •

g. Arco de Cuchilleros •

• 1. plaza situada en el centro de Madrid

• 2. famosa fuente en el centro de Madrid

• 3. forma abreviada de María Teresa

• 4. cadena española de grandes almacenes

• 5. una de las entradas a la Plaza Mayor (Madrid)

• 6. ciudad situada al sur de España

• 7. mercado callejero en Madrid

7. **La madre de Maite le dijo en una ocasión:**

"No te cases nunca con un comisario, que parece que en vez de tener un marido, estás casada con todo el cuerpo de policía".

El día de la boda, como ya todo era irremediable, le dio una hoja con "El decálogo de mamá para ser feliz en el matrimonio", una serie de consejos de la vieja escuela, pero durante el banquete de bodas, cayó un vaso de agua sobre la hoja de papel y ahora Maite tiene problemas para reconstruir las frases. Ayúdala. La lista de verbos que tienes en la parte inferior del recuadro te puede servir de ayuda.

DECÁLOGO DE MAMÁ PARA SER FELIZ EN EL MATRIMONIO

Recuerda: Él se lo .... **todo.**

I **No** .... **para mañana lo que puedas hacer hoy. Él no** .... **esperar.**

II **No** .... **nunca con tu marido. Él siempre** .... **razón.**

III **No le** .... **nunca la contraria. Él nunca** ....

IV **No** .... **en el baño antes que él. Él siempre** .... **prioridad.**

V **No** .... **mucho dinero en tus cosas. A él le** ....**mucho ganarlo.**

VI **No** .... **con amigos. Él** .... **el centro de tu vida.**

VII **No** .... **mucho por teléfono. Tiene que** .... **libre por si lo llaman a él.**

VIII **No le** .... **la ropa. Todo el mundo** .... **derecho a la intimidad.**

IX **No le** .... **las cartas. Él no** .... **esas cosas.**

X **No** .... **todas las normas que has leído y otras muchas que él te recordará todos los días.**

---

costar, entrar, olvidar, tener, equivocarse, gastar, abrir, hablar, perdonar, tener, salir, estar, dejar, llevar, discutir, poder, ser, tener, merecer, registrar

8. Aquí tienes un fragmento del texto. Después de leerlo, y sin mirar las notas del texto, transfórmalo cambiando las palabras y expresiones que aparecen en el texto por otras sinónimas que pertenezcan a un contexto menos coloquial.

– Parece que estás contento, hijo. Me alegro. ¿A qué hora has quedado con **la lagarta de tu mujer**? Porque yo pienso acompañarte. **De sobra** sé que se casó contigo sólo por nuestro dinero y ahora quiere **desplumarte**.

– ¡Mamá, por favor! Te he dicho **mil veces** que **no te metas en nuestros asuntos**. Y sabes muy bien que tengo que ir yo solo.

– Yo sólo quiero proteger tus intereses. Ya sabes que lo único que pretendo es ayudarte. Que las mujeres **tenemos muy mala idea**, y sobre todo la tuya, que todavía no sé cómo te dejaste **pescar...**

– Pero, mamá, si ella tiene su propio sueldo. Y es totalmente independiente.

– Sí, ya lo sé. Pero siempre necesita más **para sus trapos**. Que nos conocemos hijo, que nos conocemos. ¡Es que ya se te han olvidado las discusiones que teníais cuando ella iba de compras! Así que, **estáte preparado** porque **esa víbora** va a intentar **exprimirte** al máximo. Tú, ¡**ni un duro!**, Ricardo, ¿me has oído? **¡Ni un duro!**

– Parece que estás contento, hijo. Me alegro. ¿A qué hora has quedado con ....? Porque yo pienso acompañarte. .... sé que se casó contigo sólo por nuestro dinero y ahora quiere ....

– ¡Mamá, por favor! Te he dicho .... que .... Y sabes muy bien que tengo que ir yo solo.

– Yo sólo quiero proteger tus intereses. Ya sabes que lo único que pretendo es ayudarte. Que las mujeres ...., y sobre todo la tuya, que todavía no sé cómo te dejaste ....

– Pero, mamá, si ella tiene su propio sueldo. Y es totalmente independiente.

– Sí, ya lo sé. Pero siempre necesita más para sus .... Que nos conocemos hijo, que nos conocemos. ¡Es que ya se te han olvidado las discusiones que teníais cuando ella iba de compras! Así que, ... porque .... va a intentar .... al máximo. Tú, ¡.................!, Ricardo, ¿me has oído? ¡.................!

9. **A continuación tienes algunas expresiones o modismos que aparecen en el texto. Intenta encontrar un contexto en el que se puedan utilizar.**

Poner las cartas sobre la mesa.

_____

_____

Pasar de alguien.

_____

_____

Dejar a alguien de piedra.

_____

_____

Ser una estrecha.

_____

_____

Tomarse algo a cachondeo.

_____

_____

No dar señales de vida.

_____

_____

Hacérsele a alguien la boca agua.

_____

_____

Buscarle las cosquillas a alguien.

_____

_____

Estar dos personas cortadas por el mismo patrón.

_____

_____

TERCERA PARTE
Expresión escrita

1. **En la historia se habla del abogado de Ricardo. Imagina que trabajas en el bufete del abogado y que tienes que preparar, con los argumentos que se dan a lo largo del libro, un informe explicando las posturas de Maite y de Ricardo. Te pueden servir los siguientes fichas:**

María Teresa

Motivos declarados de divorcio: ....
....
....

Posibilidades de reconciliación: ....
....
....

Ricardo

Motivos declarados de divorcio: ....
....
....

Posibilidades de reconciliación: ....
....
....

2. **Tanto la madre de Ricardo como la madre de Maite manifiestan en varias ocasiones sus opiniones. Imagina que la primera le escribe una carta a su nuera y la segunda a su yerno. Teniendo en cuenta los comentarios que aparecen en el libro, intenta reconstruir cómo serían esas cartas.**

3. Ricardo tiene un diario en el que anota al final del día todas las cosas que ha hecho. ¿Puedes imaginar cómo sería la página del día de la historia?

4. En cierto momento de la historia Maite nos resume brevemente cómo empezó todo seis años antes:

> *"También lo fue hace 6 años, cuando empezó esta historia: vestido blanco, flores, coche de lujo, muchos invitados, todos muy bien vestidos, arroz a la puerta de la iglesia, una buena comida en el mejor restaurante de la ciudad y, para terminar, el baile con algún que otro patoso".*

Imagina que en vez de un resumen, fruto del recuerdo y de la memoria, lo que tienes que hacer es reconstruir la página del diario que aquella noche escribió Maite. ¿Qué tiempos verbales utilizas?

4.1. Maite tenía una amiga que estaba con una beca en Estados Unidos y que no pudo asistir a la boda. Teniendo en cuenta la información que has escrito en el diario intenta reconstruir la carta que pudo escribir Maite a su amiga al volver de su luna de miel.

......................, a .... de .... de ....

Querida Marga:

Un beso.

Maite

¿Qué tiempos has necesitado ahora para contar la historia?

5. Maite no comparte en absoluto las ideas del "Decálogo de mamá para ser feliz en el matrimonio" y decide contestar a su madre con un decálogo propio. ¿Qué crees que puede aparecer en ese decálogo?

DECÁLOGO DE MAMÁ PARA
SER FELIZ EN EL MATRIMONIO

I ....

II ....

III ....

IV ....

V ....

VI ....

VII ....

VIII ....

IX ....

X ....

CUARTA PARTE
Expresión oral

1. ¿Crees que la historia es verosímil? ¿Por qué? Coméntalo con tus compañeros. ¿Qué otras formas se te ocurren de acabar la historia?

2. A lo largo de la historia aparecen muchas opiniones acerca de los comportamientos tópicos del protagonista masculino y de la protagonista femenina. Reúnelos en una lista y con ayuda de la lista de tópicos que aparece en el ejercicio 3, comenta qué opinas de ellos.

3. En cierto momento, al principio de la historia, Maite comenta una conversación con su madre:

– "Hija mía, las mujeres debemos saber llevar a nuestros maridos con paciencia. Tenemos que adaptarnos a ellos".

– "Mira mamá, no me eches otras vez ese sermón, que ya me lo sé de memoria. No sé si sabes que las cosas han cambiado".

En esas frases y las que siguen aparecen dos puntos de vista. ¿Con cuál te identificas? ¿Por qué? Pon en común tus opiniones con las de tus compañeros de clase.

4. En cierto momento, al principio de la historia, Maite comenta una conversación con su madre que alude a estos dos conceptos:

machismo: actitud de quien piensa que el hombre es superior a la mujer.

feminismo: movimiento social que defiende para las mujeres unos derechos y capacidades reservados tradicionalmente para los hombres.

¿Estás de acuerdo con la postura de la madre de Maite? ¿Por qué?

5. Ricardo ha oído un programa en la radio en el que hablan del aumento del número de casos de divorcio:

"aumento vertiginoso en el número de divorcios. El 35% de los matrimonios de la última década ha decidido dar este paso en los últimos dos años".

¿Cuál es la situación en tu país? Coméntalo con tus compañeros.

SOLUCIONES

Comprensión lectora

Soluciones

1. a) *F;* b) *V;* c) *V;* d) *F;* e) *F;* f) *F;* g) *F;* h) *F;* i) *F;* j) *V;* k) *F;* l) *V;* m) *F;* n) *F;* ñ) *V;* o) *F;* p) *V.*

2. 1. *b;* 2. *a;* 3. *c;* 4. *c;* 5. *a;* 6. *b;* 7. *a;* 8. *a;* 9. *c;* 10. *b.*

Gramática y notas

Soluciones

1. **1.1.** *Aparecen dos tiempos del pasado: el pretérito indefinido y el pretérito imperfecto.*

    1.3. *Las formas del pretérito indefinido* (chocaron) *se transforman en formas del pretérito perfecto* (han chocado), *y las formas del pretérito imperfecto* (estaban) *no cambian.*

2. **1.** *Me encantan las luces que entran ...*

    2. *(Las luces) me hacen sentir bien ...*

    3. *(...) no soy capaz de decir qué cosas me hacen falta.*

    4. *(...) a mí esas cosas como planchar, fregar, etc., no me van.*

    5. *Me horrorizan esas cosas.*

    6. *¿A quién le interesan esas cosas (de los divorcios, las separaciones, etc.)?*

    7. *Son cosas (asuntos, cuestiones) que desde nuestra separación me obsesionan.*

    8. *Lo malo es que estos vestidos me traen muchos recuerdos.*

    9. *A Ricardo le gustan (los vestidos) mucho.*

    10. *(Los vestidos) Le quedan estupendamente.*

    11. *La verdad es que a ella todas las cosas le sientan fenomenal.*

    12. *(...) a ella (los vestidos) le gustaban en azul y se los compré blancos.*

    13. *A mí es su estúpido comentario el que me pone negra.*

14. *Esos vestidos siempre te han sentado muy bien.*

15. *¿No se te pueden ocurrir otros temas de conversación?*

16. *Esas cosas sólo nos interesan a nosotros.*

17. *Los únicos que me habéis preocupado siempre en este asunto habéis sido vosotros.*

18. *Esas cosas me recuerdan aquellos primeros viajes que hicimos...*

19. *Lo siento, pero como sé que no te gusta esta estúpida maquinita que no sirve para nada (...)*

20. *Pero, ¿no te parecen ocasiones maravillosas para hablar de nuestras cosas?*

21. *La historia que te has inventado me ha encantado.*

22. *Y me encantaba el detallito de todos los días...*

23. *Sí, pero a todos, también a nosotros nos gusta recibir sorpresas ...*

24. *Y todas las cosas que decimos o hacemos os parecen horribles.*

25. *Todas las cosas tienen que ser a lo grande. Si no, no te gustan.*

26. *Pero me he dado cuenta de que estas cosas a mí no me sirven.*

27. *Creía que esas cosas ya no nos importaban.*

4. **a.** *10;* **b.** *8;* **c.** *9;* **d.** *7;* **e.** *2;* **f.** *3;* **g.** *1;* **h.** *5;* **i.** *6;* **j.** *11;* **k.** *4.*

5. **a.** *7;* **b.** *10;* **c.** *1;* **d.** *11;* **e.** *2;* **f.** *8;* **g.** *3;* **h.** *6;* **i.** *4;* **j.** *5;* **k.** *9.*

6. **a.** *3;* **b.** *6;* **c.** *1;* **d.** *7;* **e.** *4;* **f.** *2;* **g.** *5.*

7. Recuerda: Él se lo merece todo.

I   No dejes para mañana lo que puedas hacer hoy. Él no puede esperar.
II   No discutas nunca con tu marido. Él siempre tiene razón.
III   No le lleves nunca la contraria. Él nunca se equivoca.
IV   No entres en el baño antes que él. Él siempre tiene prioridad.
V   No gastes mucho dinero en tus cosas. A él le cuesta mucho ganarlo.
VI   No salgas con amigos. Él es el centro de tu vida.
VII   No hables mucho por teléfono. Tiene que estar libre por si lo llaman a él.
VIII   No le registres la ropa. Todo el mundo tiene derecho a la intimidad.
IX   No le abras las cartas. Él no perdona esas cosas.
X   No olvides todas las normas que has leído y otras muchas que él te recordará todos los días.

TÍTULOS DISPONIBLES

LECTURAS GRADUADAS

E-I **Amnesia**
José L. Ocasar
ISBN: 84-85789-89-X

E-II **Paisaje de otoño**
Ana M.ª Carretero
ISBN: 84-89756-83-X

E-II **El ascensor**
Ana Isabel Blanco
ISBN: 84-89756-24-4

E-I **Historia de una distancia**
Pablo Daniel González-Cremona
ISBN: 84-89756-38-4

E-I **La peña**
José Carlos Ortega Moreno
ISBN: 84-95986-05-1

E-II **Manuela**
Eva García y Flavia Puppo
ISBN: 84-95986-64-7

E-I **Carnaval**
Ramón Fernández Numen
ISBN: 84-95986-91-4

I-I **Muerte entre muñecos**
Julio Ruiz
ISBN: 84-89756-70-8

I-I **Memorias de septiembre**
Susana Grande
ISBN: 84-89756-86-4

I-I **La biblioteca**
Isabel Marijuán Adrián
ISBN: 84-89756-23-6

I-I **Azahar**
Jorge Gironés Morcillo
ISBN: 84-89756-39-2

I-II **Llegó tarde a la cita**
Víctor Benítez Canfranc
ISBN: 84-95986-07-8

I-II **En agosto del 77 nacías tú**
Pedro García García
ISBN: 84-95986-65-5

I-II **Destino Bogotá**
Jan Peter Nauta
ISBN: 84-95986-89-2

I-II **Las aventuras de Tron**
Francisco Casquero Pérez
ISBN: 84-95986-87-6

S-I **Los labios de Bárbara**
David Carrión
ISBN: 84-85789-91-1

S-II **Una música tan triste**
José L. Ocasar
ISBN: 84-89756-88-0

S-I **El encuentro**
Iñaki Tarrés Chamorro
ISBN: 84-89756-25-2

S-I **La cucaracha**
Raquel Romero Guillemas
ISBN: 84-89756-40-6

S-I **Mimos en Madrid**
Alicia San Mateo Valdehíta
ISBN: 84-95986-06-X

S-II **La última novela**
Abel A. Murcia Soriano
ISBN: 84-95986-66-3

S-I **A los muertos no les gusta la fotografía**
Manuel Rebollar
ISBN: 84-95986-88-4

HISTORIAS DE HISPANOAMÉRICA

E-II **Regreso a las raíces**
Luz Janeth Ospina
ISBN: 84-95986-93-0

E-II **Con amor y con palabras**
Pedro Rodríguez Valladares
ISBN: 84-95986-95-7

HISTORIAS PARA LEER Y ESCUCHAR (INCLUYE CD)

E-II **Manuela**
Eva García y Flavia Puppo
ISBN: 84-95986-58-2

I-II **En agosto del 77 nacías tu**
Pedro García García
ISBN: 84-95986-59-0

S-II **La última novela**
Abel A. Murcia Soriano
ISBN: 84-95986-60-4

E-I **Carnaval**
Ramón Fernández Numen
ISBN: 84-95986-92-2

I-II **A los muertos no les gusta la fotografía**
Manuel Rebollar
ISBN: 84-95986-90-6

E-II **Regreso a las raíces**
Luz Janeth Ospina
ISBN: 84-95986-94-9

E-II **Con amor y con palabr**
Pedro Rodríguez Valladares
ISBN: 84-95986-96-5

Niveles:

E-I → Elemental I	**I-I** → Intermedio I	**S-I** → Superior I
E-II → Elemental II	**I-II** → Intermedio II	**S-II** → Superior II